yukismart.com/b/64e7d6

bebè

เด็กทารก

dek tharok

bambino

เด็กผู้ชาย

dekphuchai

amici

เพื่อน

phuean

bambina

เด็กผู้หญิง

dek phuying

sorridere

ยิ้ม

yim

piangere

ร้องไห้

ronghai

capelli

ผม

phom

occhio

ตา

ta

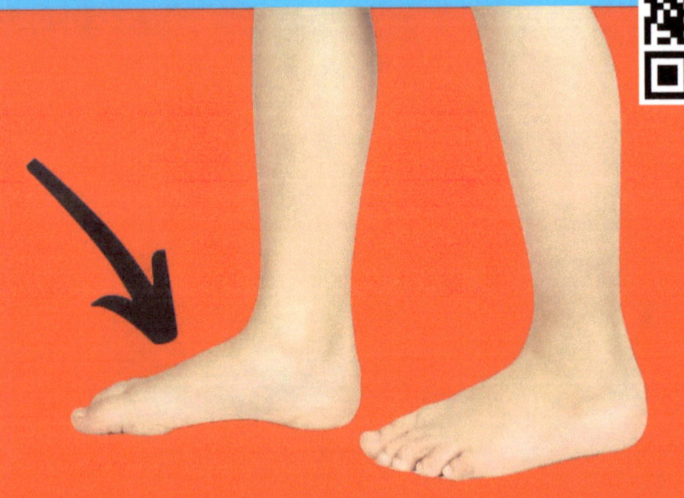

piede

เท้า

thao

mano

มือ

mue

naso
จมูก
chamuk

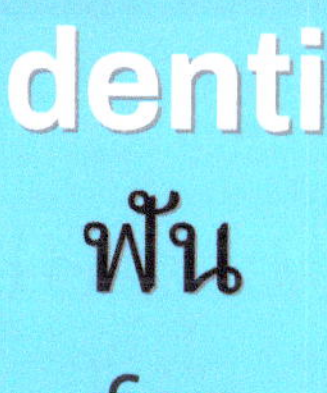

denti
ฟัน
fan

orecchio
หู
hu

lingua
ลิ้น
lin

sole
ดวงอาทิตย์

duang-athit

luna
ดวงจันทร์

duangchan

stella
ดาว

dao

albero

ต้นไม้

tonmai

uccello

นก

nok

cappotto

เสื้อโค้ท

suea khot

pantaloni

กางเกงขายาว

kangkengkhayao

vestito

ชุดกระโปรง

chut kraprong

scarpe

รองเท้า

rongthao

rosso

แดง

daeng

blu

ฟ้า

fa

giallo

เหลือง

lueang

rosa

ชมพู

chomphu

bianco

ขาว

khao

verde

เขียว

khiao

nero

ดำ

dam

multicolore
หลากสี
lak si

arcobaleno

รุ้ง

rung

mela

แอปเปิ้ล

aeppoen

banana

กล้วย

kluai

pomodoro

มะเขือเทศ

makhueathet

arancia

ส้ม

som

carota
แครอท
khaerot

piselli
ถั่ว
thua

patata
มันฝรั่ง
manfarang

mais
ข้าวโพด
khaophot

limone

มะนาว

manao

uva

องุ่น

angun

pera

แพร์

phae

cocomero

แตงโม

taengmo

zucchina

ซุกินี

su kini

uovo

ไข่

khai

fungo

เห็ด

het

quadrato

สีเหลียมจัตุรัส

siliamchatturat

cerchio

วงกลม

wongklom

rettangolo
สีเหลียมผืนผ้า
siliamphuenpha

triangolo
สามเหลียม
samliam

gatto

แมว

maeo

cane

สุนัข

sunak

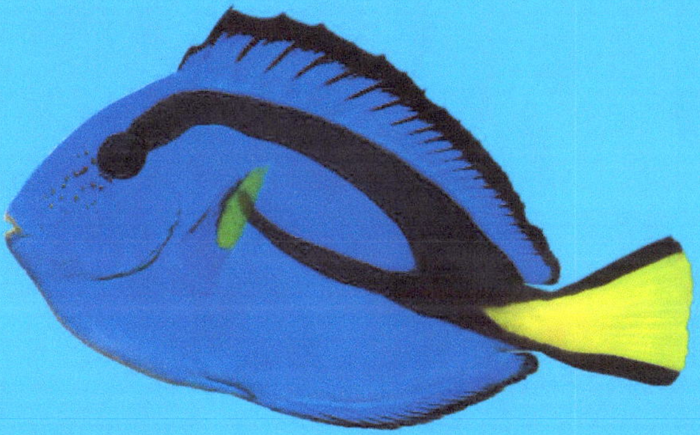

pesce

ปลา

pla

mucca

วัว

wua

anatra

เป็ด

pet

pulcino

ลูกไก่

lukkai

gallina

แม่ไก่

mae kai

rana

กบ

kop

maiale

หมู

mu

coniglio

กระต่าย

kratai

topo

หนู

nu

cavallo

ม้า

ma

pecora

แกะ

kae

fiore
ดอกไม้

dokmai

farfalla
ผีเสื้อ

phisuea

coccinella
แมลงเต่าทอง

malaengtaothong

lumaca
หอยทาก

hoithak

torta

เค้ก

khek

pane

ขนมปัง

khanompang

orologio

นาฬิกา

nalika

chiave

กุญแจ

kunchae

libro

หนังสือ

nangsue

palla

ลูกบอล

lukbon

tavolo
โต๊ะ
to

piatto
จาน
chan

sedia
เก้าอี้
kao-i

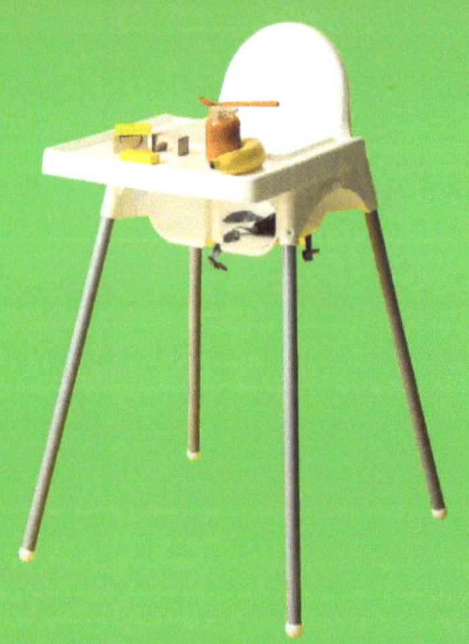

seggiolone
เก้าอี้สูง
kao-isung

forchetta
ส้อม

som

coltello
มีด

mit

cucchiaio
ช้อน

chon

tazza
ถ้วย

thuai

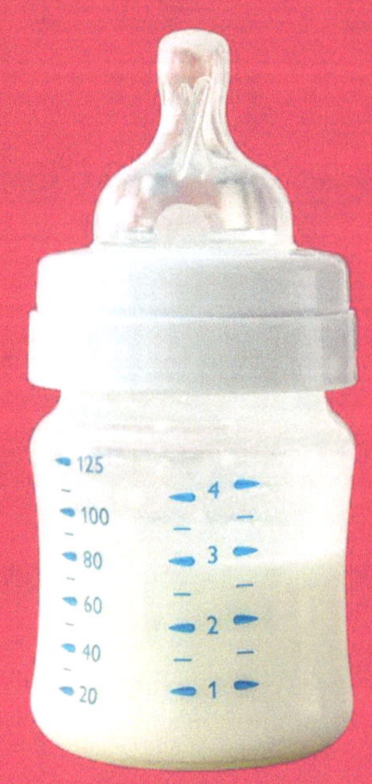

biberon

ขวดนม

khuatnom

bicchiere

แก้ว

kaeo

letto
เตียง
tiang

culla
เตียงเด็ก
tiangdek

orsacchiotto
ตุ๊กตาหมี
tukkata mi

ciuccio
จุกนม
chuk nom

asciugamano
ผ้าขนหนู
phakhonnu

lavandino
อ่างล้างมือ
anglangmue

spazzolino
แปรงสีฟัน
praengsifan

sapone
สบู่
sabu

gabinetto
โถส้วม
thosuam

vasino
กระโถน
krathon

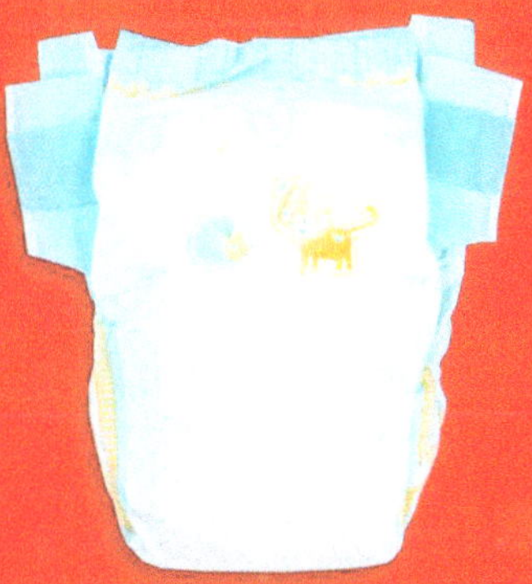

pannolino
ผ้าอ้อม
pha-om

automobile

รถยนต์

rotyon

bicicletta

จักรยาน

chakkrayan

aereo

เครื่องบิน

khrueangbin

barca

เรือ

ruea

camion dei pompieri

รถดับเพลิง

rotdapphloeng

treno

รถไฟ

rotfai

giocattoli

ของเล่น

khonglen

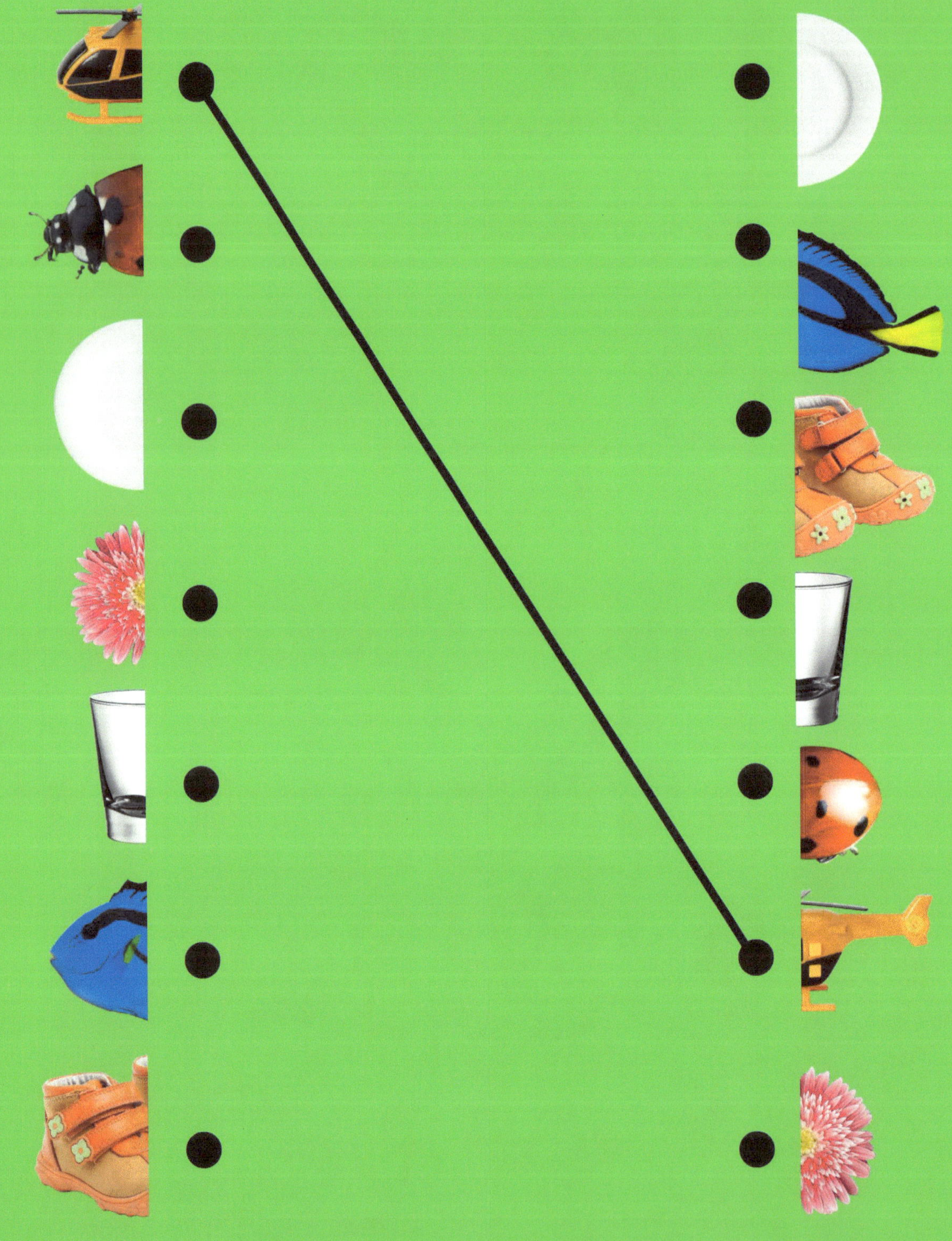